ESOTERIK das schleichende Gift das die Seele zerstören kann

Vorwort

Kennen Sie das? Sie befinden sich in einer ausweglosen Situation, meinen, es gäbe keine Lösung für Ihr Problem? Sie sind so verzweifelt dass Sie am liebsten alles hinschmeissen würden. Sie wissen nicht, wen Sie um Rat fragen können. Psychologische Hilfe möchten Sie nicht für sich beanspruchen, weil Sie sich sagen: Ich brauche keinen Psychiater, ich spinne doch nicht!

Doch manchmal wäre es ratsam, Hilfe zu suchen, eine neutrale Person zu konsultieren, der Sie sich anvertrauen können, vorausgesetzt, Sie wenden sich an die richtige

Adresse. Heute gibt es verschiedene Institutionen, die einem helfen können, wenn man es denn zulässt. Reden erleichtert die Seele. Doch was tun, wenn Ihr Stolz es nicht zulässt, professionelle Hilfe zu suchen? Wer hilft Ihnen dann?

Fühlt sich Ihre Seele schwer an?

Vielleicht hat der ein oder andere schon einmal die Erfahrung gemacht; nachdem man sein Heim entrümpelt, fühlt man sich viel leichter. Noch nie gemacht? Dann los- Materielles befriedigt einen nur kurzfristig-belastet jedoch langfristig. Was braucht es denn um glücklich zu sein, um sich leicht zu fühlen wie eine Feder? Nicht viel. (Einstellungssache)

Seien wir doch mal ehrlich, die meisten von uns möchten Erfolg und Anerkennung, sie wollen etwas bewirken. Aber das erfordert viel Kraft. Diese Kraft verlässt uns, wenn wir scheitern. Dann sind wir am Boden zerstört, fix und fertig, begreifen nichts mehr, fühlen uns verloren, sind einsam und unglücklich in unseren Gedanken. Wir wollen Hilfe suchen und annehmen, doch wo?

In der Esoterik Szene?

Auswahl gibt es doch genug, nicht wahr? Lichtarbeiter, Lebensberater in Form von Hellsehern, Medien, Channeling, Weissager, Wahrsager, alles differenzierte Anbieter, meist mit wohlklingenden Namen, die eine Faszination und Anziehungskraft ausüben. Menschen, die besonders labil, schwach, naiv und leichtgläubig sind, lassen sich extrem beeinflussen und finden aus dem Chaos der Esoterischen Branche nicht mehr heraus.

Es sind Individuen mit einem schwachen Glauben.

Wer „seinen" Glauben gefunden hat, der wird diese Branche meiden, die viele Gefahren in sich birgt. Wer lässt sich schon freiwillig mit dem Teufel ein? (Provokant geäussert). Es sei jedem freigestellt an einen Teufel oder das Böse zu glauben.

Dieses Buch ist für jene Menschen geschrieben worden, die glauben, dass Sie mit Kartenlegen und den anderen Mysteriösem die Leere in ihren Seelen füllen können.

Ich möchte hier auch erwähnen dass ich keinesfalls die diversen Berufsgruppen hier in Frage stelle, die mit Esoterik in Verbindung stehen. Es gibt Phänomene, Menschen mit speziellen Gaben, aber eben auch viele Scharlatane unter Ihnen, davor will gewarnt werden.

Wacht auf, bevor es zu spät ist, Euch und Eure Seele zu verlieren.

Wege in die Sucht

Eine Erfahrungsgeschichte, unter vielen;

Meine Lieben, nehmt euch in Acht, denn auf die Verlockung folgt die Verirrung.
Seit gut 13 Jahren beschäftige ich mich mit Thema Esoterik, insbesondere mit dem Kartenlegen und der Hellseherei als solches.
Ich habe selber schon vieles ausprobiert, nicht zu meinem Vorteil, so viel sei gesagt. Dessen bin ich mir heute bewusst, und ich lasse die Finger davon. Gänzlich.
Meine Geschichte beginnt wie bei vielen anderen. Eine Freundin gab mir den Tipp, mir doch mal von einer Kartenlegerin die Zukunft deuten zu lassen. Warum auch nicht? sagte ich mir. Da ich mich ohnehin in einer Sackgasse befand, hatte ich nichts zu verlieren.

Damals hatte ich grausamen Liebeskummer. Im Alter von 32 Jahren und nach einer gescheiterten Beziehung, kein neuer Freund in Sicht, begann es in mir zu brodeln. Eine tiefe Traurigkeit überkam mich, die sich in Wut und Hass verwandelte. Statt den Fehler bei mir selbst zu suchen, machte ich die Menschen um mich herum verantwortlich für meine Launen, sogar völlig Fremde, so traurig war ich. Nur eines konnte mich damals aufheitern, nämlich das Wissen, dass es auf der Erde noch etwas geben musste, eine Sphäre zwischen den Welten. Das Mysteriöse zog mich in seinen Bann. Ich lass alles, was ich in die Finger kriegen konnte. Bücher über weisse und schwarze Magie. Doch beliess ich es nicht nur beim Lesen, probierte alles nur Mögliche aus. Wünsche in den Himmel schicken, Amulette, Steine, Hexenbrett, Zauberformeln etc. Verrückt nicht? Parapsychologie, Hypnosetechniken, positives Denken / Energie, einfach alles, interessierte mich. Ein regelrechter Sog tat sich auf. Nur bei mir wollte es einfach nicht klappen. Kein neuer Freund in Sicht, es war wie verhext. Wahrscheinlich war ich nur zu blöd es richtig umzusetzen. Die Selbstzweifel klopften an meine Tür, und es wurde noch schlimmer. Ich verliebte mich in jeden X Beliebigen, an jedem Mann fand ich etwas Schönes, etwas Reizvolles, nur war es leider immer nur einseitig. Dazu kam noch das an meinem Arbeitsplatz auch noch einiges schieflief. Also lag der Grund eine Hellseherin aufzusuchen auf der Hand. Nichts zu verlieren war meine Auffassung. Eine lange Reise nahm ich auch in Kauf, doch es hatte sich gelohnt. Meine Meinung, dass das Übernatürliche existierte bekam durch diesen Besuch neue Nahrung. An dieser Stelle, heute, lasse ich offen, ob das, was Sie mir erzählte auch tatsächlich stimmte. Zu der Zeit war es jedenfalls so. Heute sehe ich vieles von dem, das ich geglaubt habe, wesentlich kritischer.

Allgemein gesagt; völlig ahnungslos und vertrauensvoll begibt man sich in die Hände sogenannter Hellseherinnen, Kartenleger, Tarot Spezialisten, Engel Medien (dass es auch gefallenen Engel gibt, Luzifer zum Beispiel, daran denkt man, naiv wie man ist, nicht). Wie Pilze aus dem Boden schiessen die Angebote solch zweifelhafter Gestalten, die Hotlines mit den verflixten 0901 Nummern (0190 in Deutschland) findet man inzwischen überall, sei es in Zeitschriften, Tageszeitungen oder im Fernsehen. Zum Teil landen ihre Werbebotschaften sogar direkt in den Briefkästen. Die „Wundertäter" sind nicht zu übersehen, und es werden immer mehr. Das Geschäft mit der Esoterik boomt. Doch womit helfen die unzähligen Berater einem denn eigentlich? Beim Geld ausgeben, so viel ist sicher, indem sie – nicht selten mit Erfolg- versuchen, die Leute, süchtig zu machen. Und wer gesteht sich schon gern ein, seinen hart erarbeiteten Lohn aus dem Fenster zu schmeissen? Erst wenn Angehörige oder Freunde einen darauf aufmerksam machen, kommt man ins Grübeln und es wird einem langsam klar, was man da überhaupt tut. Einige werden so tief hineingezogen, dass sie irgendwann ihre Rechnungen nicht mehr bezahlen können, und das Betreibungsamt / Gerichtsvollzieher vor der Türe steht. Kein Witz, hat sogar eine Kartenlegerin bestätigt. Diese hatte Ihre Kundin sperren lassen, damit Sie nicht mehr bei ihr durchkommt. Ich ziehe den Hut vor dieser Kartenlegerin. Sie meinte, Sie könne es mit Ihrem Gewissen nicht mehr vereinbaren.

Auslöser zu sein am privaten Ruin dieser Kundin.

Keineswegs möchte ich die Vertreter der Esoterik Branche persönlich angreifen oder verurteilen, sie erledigen nur ihren Job, verdienen damit ihren Lebensunterhalt.

Durchaus gibt es auch Menschen mit einer besonderen Gabe, doch diese findet man nicht so öffentlich.

Es ist für mich nur wichtig aufzuzeigen, welche Gefahren bestehen, und zu warnen, dass es ein Schritt in eine mögliche Sucht sein kann – mit verheerenden Folgen.
Einmal hörte ich von einer Frau, die bis zu 10 Mal am Tag bei einer Beraterin anrief. Für die meisten Menschen ist das kaum zu begreifen. Doch für jemanden, der einmal in die Fänge solcher Betrüger geraten ist, ist es sehr schwer, sich davon zu befreien.

Ein anderes Beispiel:
eine Bekannte von mir,
hat in ihren schlimmsten Phasen das Telefon in den Mülleimer geschmissen, um kurz darauf in

das nächste Geschäft zu rennen um ein Neues zu kaufen. Dies zeigt eindrücklich; einmal angefixt, können die Betroffenen nicht anders als weiterzumachen, sie sind wie ferngesteuert. Nur ein starker Wille schafft es, die nötige Distanz zu gewinnen.

Aber wie läuft so eine Sitzung überhaupt ab? Meistens werden Erlebnisse von früher / Vergangenheit herangezogen und allgemeine Aussagen über Kindheit, Freundschaften, Liebe oder das Berufsleben gesagt. Im Vergleich dazu kommt die Zukunft nur selten zu Sprache. Doch wenn man erst einmal von dem ganzen esoterischen Zeug gepackt wurde, glaubt man alles, was einem erzählt wird.

Zurück zur Geschichte meiner Bekannten, sie erzählt:
Ich ging also voller Optimismus nach Hause und hoffte, dass mein Leben die erhoffte positive Wendung nehmen würde.

Und ich wartete, und wartete, monatelang, voller Hoffnung, dass endlich etwas geschehen würde. Nach jedem Strohhalm habe ich gegriffen- NICHTS. Immer wieder suchte ich daraufhin neue Hellseher, Medien und Wahrsager auf, doch niemand konnte mir genau sagen, wann der Tag käme, an dem ich einen Freund finden würde. Ich verliebte mich zwar hin und wieder, daran lag es nicht, doch stets war es eine einseitige Träumerei von mir. Jahre vergingen, und ich blieb immer noch allein, ein trauriger, einsamer Single. Aus Verzweiflung liess ich mir sogar ein Amulett aus der USA von einer Hexerin kommen, was selbstverständlich auch nicht funktionierte. Wie naiv war ich eigentlich? Es führte einzig und allein dazu, dass ich weniger Geld in der Tasche hatte. Damals war ich auch der Überzeugung, dass ich auch mit Hilfe der Praktiken an Geld kommen würde. Ausserordentlich bekloppt, nicht? Damals war ich einfach der Meinung, ich bräuchte nur zu warten, und alles käme so, wie ich es mir erträumt hatte und es mir prophezeit wurde. Frei nach dem Motto; verweilen und Tee trinken. Dies stellte sich jedoch als verfehlt heraus, nur wollte ich es lange nicht einsehen, bis sich meine Lage dramatisch veränderte. Mit der Zeit häuften sich auch bei mir die Rechnungen, mein Erspartes schwand dahin.

Alles in allem hätte ich von dem, was ich für die Beratungen ausgab, eine neue Küche kaufen können. Im Nachhinein sage ich mir: Alles im Leben ist so, wie es sein soll. Ich musste wohl diese Erfahrung machen, denn nur so kann ich Ihnen heute die Augen öffnen, wenn Sie auch zu den Menschen gehören, die sich nicht vom Telefonhörer losreissen können. Ich weiss, dass es überall auf der Welt Menschen gibt, die verzweifelt sind und dankbar für einen Halt im Leben.

Die Versprechen der Esoterik Branche können für diese Personen zu einer regelrechten Sucht werden. Von dieser Abhängigkeit leben diese sogenannten Berater, und wenn man sich die Vielzahl der Anzeigen in Zeitungen und er Hotlines (und die Minutentarife) ansieht, muss es ein äusserst lukratives Geschäft sein. Es mag durchaus solche geben, die eine AUSSERGEWOEHNLICHE GABE mit in die Wiege gelegt bekommen haben. Doch diese zu finden ist, wie nach der berühmten Nadel im Heuhaufen zu suchen. Mir war dies nicht vergönnt, doch ich hab meine Lektion gelernt und weiss, wie schwer es ist, sich aus dem Teufelskreis aus Verheissung und Verderben zu lösen.

Die Einsicht, dass es besser ist, sich auf sein eigenes Bauchgefühl zu verlassen, kam urplötzlich. Im war am Tiefpunkt angelangt, wie schon einmal in meiner Kindheit. Ich stand als Teenager vor den Toren des Suizids. (Lieblosigkeit war unter anderem ein Auslöser) Mein Gebet damals, ohne konkret darauf einzugehen war; wenn Du mich liebst, und es Dich gibt, dann hilf mir, sonst bringe ich mich um. Und genau am nächsten Tag hatte ich die Gnade Gottes erfahren dürfen. Ein Mensch zeigte mir durch GOTT seine LIEBE. Ein gravierender Einschnitt in meinem Leben. Mein Retter war GOTT!!! GOTTES LIEBE !!!

Im Hier und Jetzt;
Erst als ich lernte, mich mit mir selber zu beschäftigen, (und mich selbst zu lieben, wie ich war) auf meine innere Stimme zu hören, das Positive in alltäglichen Dingen zu sehen, einfach das Wesentliche zu schätzen, ging es mir wieder von Tag zu Tag besser. Ich erkannte, dass nichts Selbstverständlich ist. Und endlich war mein Glaube zurückgekehrt, das Vertrauen in diesen einen simplen doch wirksamen Gedanken; es wird schon werden,

jemand ist da „oben", der mich begleitet und nicht allein lässt.

Und das Ende meiner Geschichte? Nun, ich habe einen lieben Menschen gefunden, der mir viel Freude bereitet, und der mir seine Liebe schenkt. All das was ich einmal erträumt hatte. Niemand muss ich mehr konsultieren, wenn mal kleine Probleme auftreten. Der Telefonhörer ist nicht mehr heiss....Ich vertraue nun, und alles wird gut.

Deshalb ein dringlicher Apell: Vergesst die Karten, die Zukunft ändert sich jeden Tag und ist abhängig von eurer Einstellung und euren Taten / Verhalten.

Seht doch; jeder hat schon einmal erlebt; man geht, aus welchem Grund auch immer, schlechtgelaunt aus dem Haus, und es begegnen einem nur Menschen, die ebenso gereizt sind. Es sind Tage, an denen man das Pech förmlich anzieht, man verpasse den Zug, klemmt sich den Finger ein, verschüttet seinen Kaffee. Alles scheint schiefzugehen. Gleiches zieht gleiches an. Darum mein Rat: seid positiv, glaubt an Euch. Es klingt einfach, aber man muss es sich immer wieder vorsagen. Zu diesem Thema gibt es zahlreiche Bücher. Das Ergebnis ist stets gleich; du bekommst das, was Du ausstrahlst.

Anmerkung: ein grosses Dankeschön an meine Bekannte für Ihre Offenheit, dadurch kam die Idee zu diesem Buch.

Sicher, die Verführung, die von gewissen Praktiken ausgeht, ist gross, und manchmal ist die Neugierde stärker als der Verstand. Die Welt des Unerklärlichen, des Unsichtbaren fasziniert die Menschheit schon seit Jahrhunderten und tut es noch heute, wie Bücher wie die „Harry Potter" Reihe zeigen. Wenn man sich mit dem Okkulten beschäftigt, dann weiss man, dass es tatsächlich Dinge zwischen Himmel und Erde gibt, die ein Mensch nur sehr schwer verstehen und erklären kann?

 Ob man an diese Zwischenwelten glauben will oder nicht, das soll jeder für sich selbst entscheiden. Deshalb muss man sich aber noch lange nicht sein Leben kaputt machen, indem man Betrügern das Geld in den Rachen wirft. Wie schnell man sich ködern lässt, wenn man labil ist und verzweifelt, kann ich daran erläutern, wie TV Beratungen funktionieren.

Das Problem ist folgendes: Meist bekommt man ja nur eine Antwort auf eine Frage, die sogenannten Schnellrunden. Doch ist damit die Lösung für das Problem schon erbracht? Denke eher das Gegenteil. Eigentlich sind ausführliche Beratungen erwünscht, mit der kurzen Antwort der Beraterin erreicht man, dass der Kunde ein weiteres Mal anrufen wird. Wenn aber diese Beraterin nicht mehr erreichbar ist, oder man nicht durchkommt, sucht man sich ein anderes Medium aus. Wir hoffen jetzt das die zweite die erste Antwort bestätigt, wenn nicht, fängt das Dilemma an, sozusagen. Der Teufelskreis.

Auch ich habe das schon ausprobiert, mit dem Ergebnis nicht durchzukommen. Die Warteschleife, die niemals Enden möchte, eine nervige Angelegenheit, und kostet!

Wie viele Zuschauer sind es wohl mittlerweile, die diese Dienste in Anspruch nehmen? Nicht zu unterschätzen. Das Interesse wird geweckt, und fast für jedes Wehwehchen gibt es Ansprechpartner.

Manch einer verliert dabei seine eigene

Entscheidungskraft. So wird man in eine Erwartungshaltung versetzt, bis das Vorhergesagte endlich eintrifft.

Zugegeben, gewisse Dinge, die mir prophezeit wurden, sind eingetroffen. Doch frage ich mich, war diese Frau wirklich eine geborene Seherin? Oder war es nicht vielmehr ein Zufall? Man sollte sich nicht davon blenden lassen. Fühlt man sich einsam und traurig, mögen solche Beratungsgespräche noch ganz hilfreich sein, ein kleiner Trost. Aber das wahre Problem ist damit aber nicht aus der Welt geschafft. Es verhärtet sich noch mehr.

Wie erkenne ich, dass ich suchtgefährdet bin? Wenn man bemerkt, dass man nicht mehr aufhören kann, anzurufen. Wenn man sich einredet, ach nur 5 Minuten, oder 10 Minuten, dann lege ich doch wieder auf. Problematisch wird es, wenn aus den 5 / 10 Minuten plötzlich wieder eine Stunde wird. Und die Zeit vergeht am Telefon ziemlich schnell, das täglich nach dem Motto: Die Hoffnung stirbt zuletzt.

Auslöser können sein, Potential zur
Suchtgefahr

-Liebeskummer
-Finanzielle Nöte
-Probleme bei der Arbeit
-Gesundheitliche Probleme
-Neid, Hass und Ärger unter Mitarbeitern,
 Angehörigen, Bekannten,
-Immobilien Verkauf
-Sorgen um seine Kinder
-Depressionen
-Neugier zum Mysteriösen

Verstorbene, an deren noch ungelöste Sorgen,
Probleme hängen, (Medien die Kontakt mit den
Toten anbieten) und noch einiges mehr.

**Geschichte aus dem Alltag
Fall aus Einsamkeit:**

Eine ältere einsame Dame verlor fast Ihr
ganzes Vermögen bei Telefonberatungen. Über
Jahre hatte sie den Dienst in Anspruch
genommen. Nun halten sie sich fest,

ein sechs stelliger Franken- Betrag ging drauf.
Sie versuchte übers Gericht das Geld
zurückzubekommen.
Doch sie verlor.
Da sie einen Dienst in Anspruch genommen
hat, selbst entscheiden konnte, ob sie anrufe
oder nicht, gehörte der „Lohn" der Beraterin.
Ein sehr trauriger Fall.

Deshalb kann ich nur ausdrücklich warnen,
immer die Kosten im Hinterkopf walten zu
lassen. Ansonsten ist ein finanzieller Ruin keine
Seltenheit.

Geschichten wie diese sind kein Einzelfall; in
Amerika wird von Menschen berichtet, die sage
und schreibe bis zu 5000 Dollar pro Monat
ausgeben, für Medien. Viele von ihnen
schämen sich ihre Sucht einzugestehen. Als
Unbeteiligter hat man schliesslich leicht reden,
du bist selber schuld, hättest doch NEIN sagen
können. Doch so einfach ist es aber nicht für
einen Abhängigen loszukommen.
Aber was tun?
Ganz einfach, glauben! Wie heisst ein
Sprichwort; wenn du glaubst es geht nicht

mehr, kommt von irgendwo ein Lichtlein her. Oder anders ausgedrückt- man muss Vertrauen haben, in etwas Grosses, (evtl. GOTT) und loslassen. Was sich simpel anhört, schwierig aber umzusetzen ist, ist in Wahrheit eine tiefgreifende Botschaft.

Es ist traurig mitansehen zu müssen, dass Hellseher, Kartenleger, Medien, Lichtarbeiter und wie sie alle heissen, alte tiefgehende Glaubensrichtungen verdrängen.

Die Esoterik gewinnt an Potential.

Doch was macht ihren Reiz aus? Seit jeher übt die Zukunft und die Möglichkeit, die vorauszusehen, eine unheimliche Faszination auf die Menschen aus. Wer hat sich nicht schon mal vorgestellt, wie es wäre, zu wissen, wie seine Zukunft aussieht, wohin sein Weg führt?

Vielleicht hätte man dann andere Entscheidungen getroffen, als die bisherigen? Um etwas über die Zukunft zu erfahren, und sei es auch nur das kleinste Detail, darüber, ob und wann sie die grosse Liebe finden, ob sie im Beruf Erfolg haben und ob sie, ganz allgemein, glücklich sein werden, sind die Menschen offenbar zu allem bereit.

Für die selbsternannten Berater, die vorgeben, sich damit auszukennen, und von diesem Geschäft leben, ein gefundenes Fressen. Wenn man sich in die Hände eines Beraters begibt, gibt man seine Entscheidungen ab. Die Gefahr ist nicht nur, abhängig zu werden, sondern sich zu verlieren. Sein eigenes Leben entschwindet langsam, man ist paralysiert. Immer wieder dieser ständige Kampf, mit sich und dem Drang, den Hörer in die Hand zu nehmen und einer dieser vermaledeiten (entschuldigen sie meinen Ausdruck) Nummern anzurufen, auf Teufel komm raus. Davon abgesehen, bin ich mittlerweile überzeugt, dass es nur eine mögliche Zukunft gibt.

Dies kann ich, die ich mich jahrelang an irgendwelche Prophezeiungen geklammert habe, mit Fug und Recht sagen: Jeder ist sich seines Glückes Schmied. Am Ende war ich es selbst, die ihr Leben in die Hand genommen und in die richtigen Bahnen gelenkt hat, mit Vertrauen in mich und GOTT.

Wenn ich zurückdenke an meine Jugend, die weiss Gott nicht immer leicht war , wie für viele andere auch nicht, dann hat uns der Glaube stets den Weg gewiesen, aber früher gehörte

Religion zu einer gesunden Erziehung noch dazu. Wenn sie gläubig sind, dann werden sie schon verstehen, was ich damit sagen möchte. Damals, als wir Probleme hatten, beteten wir, und siehe da, die Lösung kam manchmal (scheinbar) von allein.

Natürlich muss man seinen Teil dazu beitragen, selbst aktiv werden. Doch was tun manche stattdessen? Sie befragen bei jeder Gelegenheit die Karten, am liebsten würden sie sich, um es mal salopp zu formulieren, sagen lassen, wann sie auf die Toilette gehen sollen, so stark kann die Sucht werden. Krank, nicht? Wenn Sie dies an sich beobachten, ähnliche extreme Verhaltensweisen, sollten Sie ins Grübeln kommen. Und wenn Sie sich sagen, dass Sie nur hin und wieder bei einer Hotline anrufen, dann kann ich Ihnen versichern, dass es der erste Schritt in die falsche Richtung ist. Schnell befindet man sich in einem Teufelskreis.

Zum Thema Geld; ist neben Liebe wohl das meist erfragte Thema:

Sie wollen mehr Geld? Mein Rat, Gehen Sie zur Bank und legen Sie das Geld für das vorgesehene Telefonat aufs Konto. Statt auf einen Lottogewinn zu hoffen, sparen Sie an jeder kleinsten Ecke, glauben Sie mir, auch das wirkt sich auf das Konto aus. Und einen Lottogewinn verheisst noch lange nicht das ersehnte Glück.

Wenn Sie krank sind, konsultieren Sie einen Arzt und verlassen Sie sich nicht auf die Aussagen eines Unbekannten, der meint, dass es Ihnen schon bald besser gehen könnte. Es mag Medien geben, denen man auch vertrauen kann, selber schon erlebt, eine Pendlerin z.B. doch diese arbeiten meist verdeckt.

Ein anderes wichtiges Thema ist der Beruf: Auch hier sollte man besser auf sein Bauchgefühl vertrauen und sich mit seinen Vorlieben auskennen. Denn meist üben die Menschen einen falschen Beruf aus, nur zur Sicherung der Existenz. Dass man auch Erfolg haben kann, wenn man seinen Wünschen folgt, zeigen unzählige Persönlichkeiten im täglichen Leben.

Gehen Sie in sich, und denken darüber nach, was macht mir Freude? Nur Sie allein können diese Frage beantworten, haben Sie Mut und Ehrgeiz Ihre Ziele zu verwirklichen. Geduld und Ausdauer lohnen sich.

Die meisten triebt jedoch etwas anderes um, das eine, worum sich letztlich alles in der Welt dreht: die LIEBE. Ist nicht jeder auf der Suche nach der einen, wahren Liebe, dem grossen Gefühl, das nur den allerwenigsten beschieden ist? So kann die Liebe Freud und Leid gleichermassen hervorrufen, wer kennt nicht den Kummer, der einem das Herz schwer macht und der Verzweiflung nahe bringt? In diesem Zustand ist man besonders anfällig, da man sich an alles klammert, was einem Menschen Hoffnung gibt.

Wenn man niemanden hat, mit dem man reden kann, greift man einfach zum Hörer – die Berater sind rund um die Uhr erreichbar. Aber was sie einem sagen, bringt einen ebenfalls nicht weiter. Im Gegenteil: Man hofft und bangt und wartet, dass sich die Zeichen bewahrheiten. Doch es passiert nichts, und unweigerlich fragst du dich: Warum scheint bei den anderen alles so einfach zu sein? Liegt es an mir, dass sich niemand für mich interessiert? Noch schwieriger wird es, wenn man sich in jemanden verliebt hat, der die Gefühle jedoch nicht erwidert. Tag und Nacht denkt man an die Person, versucht jede Kleinigkeit positiv zu deuten. Die Vernunft wird dabei vollkommen ausgeschaltet, und man sieht über all die Zweifel und Widersprüche hinweg, die Liebe nicht duldet. Das Gefühl jedoch bleibt, wie ein Phantomschmerz, der permanent wehtut, aber grundlos ist.

Wie aber befreit man sich davon? Zunächst sollte man sich nicht so sehr auf die jeweilige Person konzentrieren und vor allem keine Erwartungen an sie haben. Mit den ins Nichts zielenden Verlustängsten blockiert man sich nur selbst – und verbaut sich die Chancen, die einem geboten werden. Mein Rat: Leben Sie im Hier und Jetzt und verschwenden Sie keinen Gedanken an Morgen. Die Liebe entspringt aus einem selbst, kein anderer Mensch kann einen glücklich machen. Wenn Sie mit sich im Einklang sind, erst dann wird die wahre Liebe in Ihr Leben treten, und diese kann Ihnen kein Berater auf der ganzen Welt voraussagen.

Fazit: Nur ein gesunder Menschenverstand, ein intakter Geist und, so behaupte ich, ein starker Glaube an sich selbst und an eine höhere Macht (vielleicht Gott) können diese Verstrickungen lösen. Wende dich an Gott und vertraue darauf, dass alles so kommt, wie es sein soll, und er wird für dich eine Lösung finden. Und vor allem: KOSTENLOS

Kurzbeschrieb;

Hellseherei, aus geschichtlicher, psychologischer, spiritueller und katholischer Sicht

Geschichtlicher Hintergrund, die Praxis lässt sich über viele Jahrhunderte zurückverfolgen. Es gab verschiedene Techniken, in jedem Land anders dargelegt. Jeder hat die Möglichkeit selber im Internet zu recherchieren. Nur soweit, die Karten wie wir sie heute kennen, entstanden im 8. Jahrhundert.

Aus Sicht der Kirche

Das Okkulte,
unterstützt die Kirche auf keinster Weise. Sie ist
der Meinung dass diese ausgeübten Praktiken
nur dazu führen, sich von Gott zu entfernen.

Folgende Praktiken können dies sein:
Glas, Tischrücken,
automatisches Schreiben,
Trancereden, mit Toten
sprechen,
Tarot, I-Ging,
schwarze und weisse Magie, und noch
unzählige Okkulte Praktiken mehr.
Das Internet ist eine super Hilfsquelle, oder ein
gutes Lexika, um sich über diese okkulten
Praktiken zu informieren.

Der Okkultismus beherbergt leider viele
Gefahren. Man muss nicht aktiv praktizieren,
passiv daran teilhaben, reicht schon aus, um
sich verzaubern zu lassen. Diese Erquickung
des „Teufels" kann erschreckend sein, es
resultieren daraus Folgen, z.B. Alpträume,
Depressionen, Panikattacken, Shizophrenie,

Wahnzustände, Umsessenheit, Besessenheit und noch vieles mehr.

Tragisch ist; Menschen die sich dem Okkultismus öffnen können im Irrenhaus landen, oder begehen Suizid!

Psychologische Sicht

Psychologisch gesehen besteht die Gefahr beim Kartenlegen, das man sich selber verliert. Die Gefahr in eine Art Abhängigkeit zu geraten ist nicht zu ignorieren, und gross.
Die eigene innere Stimme wird überhört.
Der Mensch wird leicht beeinflusst und ist manipulierbar. Bei Menschen mit starker Psyche wird eine negative Antwort nichts Gravierendes auslösen.

Ganz schlimm wird es bei Menschen, die wirklich in Not sind und nicht wissen, was sie tun sollen. In solchen Fällen ist dringend vom Kartenlegen abzuraten, das Suchtpotenzial ist einfach zu gross. Lässt man sich trotzdem dazu verleiten, läuft man als labiler und unsicherer Mensch Gefahr, den Boden unter den Füssen zu verlieren. Wenn es irgendwie möglich ist, sollte man davon Abstand nehmen, (z.B. ist es sinnvoll, sich generell von dem Esoterischen zu distanzieren) lieber auf die eigene innere Stimme hören.

Bekannte, Freunde oder Familienangehörige können Halt bieten. Grundsätzlich ist es von äusserster Wichtigkeit, eine emotionale und psychische Basis wiederherzustellen, damit man auf seine eigenen Entscheidungen vertrauen und bauen kann.

Spirituell gesehen

Dieser Aspekt ist sehr tiefgründig. Der Seelenplan und die Lebensaufgabe spielen hier eine zentrale Rolle. Kartenlegen und Hellsicht und was noch alles dazugehört können funktionieren- wenn die richtigen Leute am Werk sind, so ihre Meinung. Diejenigen von Ihnen, die in ihrem Leben jemanden mit gleichem Karma gefunden haben, (Partner/in) werden das tatkräftig unterstreichen.

Zusammengefasst

Wir bringen es auf eine ganz einfache Formel: so wie es gute und schlechte Ärzte gibt, so finden sich auch im Bereich der Esoterik schlechte und gute Berater, wo bei letztere definitiv schwieriger zu finden sind.
Wenn man an die falschen gerät, kann man sehr viel Geld verlieren. Dass eine Voraussage nicht eingetroffen ist, kann vielerlei Gründe haben. Es ist möglich, dass man diese fatale Situation-bewusst oder unbewusst-selbst hervorgerufen hat, ein seelischer Selbsttest, bei dem man lernen soll, auf seine eigene innere Stimme zu hören. Es mag zunächst enttäuschend sein, wenn man viel Geld investiert hat und keine vernünftigen Antworten bekommt. Was aber, wenn man genau diese Lektion gebraucht hat, um sich innerlich zu befreien und auf eigenen Beinen zu stehen? Nichts passiert umsonst im Leben, und das

Lehrgeld, das man zahlt, ist leider manchmal nötig, sei es nun materieller oder emotionaler Natur. Es ist ein Reifeprozess; durch solche Erfahrungen wird man erst zu dem, der man ist. Ein anderer Grund, warum eine Vorhersage nicht eintrifft, kann sein, dass man bereits eine eigene Entscheidung getroffen hat, die zwangsläufig die Zukunft verändert. Denn jede Prophezeiung, ob gut oder schlecht, kann enorme Energien freisetzen und Veränderungen herbeiführen, sie kann uns die Augen öffnen.

Unser Schicksal ist nicht festgeschrieben, wir haben es, die wir einen freien Willen besitzen, selbst in der Hand.

Manchmal braucht man nur einen Anstoss. Insofern kann selbst eine „falsche" Information positiv sein, weil sie im besten Fall Prozesse in Gang setzt, die einen dorthin bringen, wo man eigentlich hin möchte.

Eine Garantie gibt es dafür allerdings nicht. Die Gefahr, süchtig zu werden, bleibt bestehen, denn häufig schwebt man nach einer zutreffenden Aussage wie auf Wolke sieben, man fühlt sich berauscht, ähnlich wie beim Konsum von Drogen. Doch wenn dieses

Rauschgefühl nachlässt und man erneut zum Hörer greift, sich die Aussage dieses Mal jedoch nicht bewahrheitet, ruft man immer und immer wieder an, denn man braucht dieses Hochgefühl unbedingt und lässt nicht nach, bevor es sich wieder eingestellt hat.
Und hier beginnt der Teufelskreis.

Hinweis

So gesehen

Ist Kartenlegen nicht viel mehr als ein Spiel gedacht?

Die Karten als Hinweis, Wegweiser, als Möglichkeit, als eine weitere Option ansehen.

Es ist nicht fix was die Karten sagen. Das ein Ereignis eintrifft, ist selten.
Ihr seid Eurer eigener Herr und Meister, und habt Euren eigenen Willen.
Das sollt ihr nie vergessen.

Telefonberatungen:

Ich warne eindringlich vor Telefonberatungen, es steht selbstverständlich jedem frei da anzurufen, und eine Legung zu beantragen. Die Gefahr dabei ist aber, gewöhnlich bleibt es nicht bei diesem einen Anruf. Denn nach dieser Legung werdet ihr ganz sicher noch einen anderen Berater aufsuchen, der die Aussage des ersten Beraters bestätigt. Doch was wenn nicht? Ist es nicht auch so, das ihr, in dem Moment, wo der Berater das bestätigt, was ihr gedacht oder gefühlt hat, von einem Hochgefühl begleitet werdet? Doch wenn die Antwort entgegengesetzt ist? Zu 100% sucht ihr dann wieder einen Neuen aus, und das geht dann immer so weiter, bis einem die Telefonrechnung auf den Rücken wirft, wie soll man das nur bezahlen?

Also dringlicher Apell, wenn ihr schon das Bedürfnis habt, anzurufen, dann bleibt bitte bei einem Berater, und wechselt nicht ständig. Es gibt genug Angebote, das stimmt, aber umso verwirrender wird das Ganze.

Nicole;

Bitte ja nicht bei den Hotlines anrufen wenn ihr in einer Krise steckt. Einmal angerufen, schon hängt man drin. Der 5 stellige Betrag hätte ich auch gut das Klo hinunterspülen können, um es mal salopp auszudrücken. Ich bin mittlerweile aus dem Sumpf herausgeklettert.

Das war wohl als eine Prüfung in meinem Leben anzusehen, die ich nun bestanden habe.

Das schwarze Schaf ist zurückgekehrt.

Gott wird Gefallen an mir finden-

Julia erzählt:

Aus purer Neugierde suchte ich vor Jahren eine Wahrsagerin auf. Natürlich erzählte die auch einiges. Interessant war das die Erlebnisse aus der Vergangenheit tatsächlich stimmten. (Interessanterweise auch bei meinen Freundinnen) Sie erzählte mir Erlebnisse, die niemand ausser ich wissen konnte. Das war sehr eindrücklich, und ich fühlte mich bestätigt. Bei den Zukunftsprognosen wurde es dann noch intensiver. Ich meinte immer dass die Beraterinnen Negatives nicht sagen dürfen, doch diese tat es. Sie gab mir auch einen Hinweis, wie alt ich dann sein werde wenn das „Schreckliche" eintreffen würde. Doch mittlerweile bin ich 4 Jahre darüber und nichts Gravierendes ist eingetroffen. Da bin ich sehr froh. Ich war immer ein wenig angespannt, die Sorge dass das Eintreffen könnte, war übergross. Doch Nichts geschah.

Dennoch sagte sie mir ein Ereignis voraus, die Untreue meines damaligen Freundes, ich würde es dann herausfinden. Sie nannte auch die Person, mit der er fremdelte. Tatsächlich ca. einen Monat nach der Beratung fand ich es heraus.

Auch wenn ich Hinweise zur Untreue meines Freundes bekommen und diese aufgedeckt habe, würde ich heute keine Beraterin mehr aufsuchen. **Emotionale Wunden sind vorprogrammiert.**

Die Beratungen heute, sind auch sehr allgemein gehalten, vor allem in den TV Beratungen, sehr unpersönlich gehalten. Lasst euch wichtige Entscheidungen nicht abnehmen, entscheidet selber!

Melanie:

Mein erstes Kartenset kaufte ich mir in der Jugendzeit. Nach und nach rutschte ich voll in die Esoterik Branche ab. Liess nichts aus, probierte einiges aus. Bei den Karten aber blieb ich stecken. Es war so etwas mysteriös Faszinierendes. Ich wurde katholisch erzogen. Dadurch wandte ich mich nach einigen Irrwegen wieder Gott zu.

Jahrelang blieb ich meinem Glauben treu, war gefestigt in meinem Denken, wollte von Esoterik nichts mehr wissen, dachte ich zumindest. Der Auslöser zum Gegenteil….

Vor einigen Jahren traf ich einen Menschen, eine Frau, in die ich mich sofort verliebte, damit begann mein Teufelskreis.

Durch meine vorangegangenen Erfahrungen bei Kartenlegern wurde ich wieder von der Neugier ausgetrickst. Ich rief bei unzähligen

Beratern an, um über die Gefühle dieser Frau informiert zu werden.

So sicher war ich mir, dass jene auch Gefühle für mich empfindet. Aber mein schlechtes Gewissen, meldete sich auch. (Lesbe sein, ist schwierig mit dem Glauben zu vereinbaren) Nur ich konnte nicht mehr damit aufhören, ich steigerte mich in eine Art Wahn. Jedes Mal wenn ich die Frau gesehen habe, brannten in mir die Sicherungen durch, und meine Hoffnungen wurden durch die Anrufe nur noch vergrössert. Schliesslich hatten mir ja sämtliche Kartenleger dasselbe erzählt. Die Gefühle wären auf beiderlei Seiten. Es ging mir zu der Zeit nicht gut, weil ich stets hin und hergerissen war, schon wegen meinem Grundglauben. Ich habe immer darauf gewartet und gehofft dass sie sich bei mir meldet, auf der anderen Seite aber plagte mich das schlechte Gewissen. Monate später erhielt ich dann die erschütternde Antwort von Ihr, sie hätte kein Interesse an mir.

Keine Gefühle, keine Liebe. Ich war so enttäuscht und frustriert. Wütend über mich und die Berater, entschied ich mich keinen Berater mehr zu konsultieren. Ich bin wieder gestärkt in meinem Glauben. Gottes Liebe kann ich gewiss sein.

Anmerkung der Autorin

Als letztes möchte ich noch unbedingt ein Beispiel benennen, wovor sie sich hüten sollten.

Wenn sie zu einer Beraterin gehen, und diese ihnen Unfälle vorhersagt, dann bleiben sie bitte unbedingt skeptisch.
Kartenleger dürften solche gravierenden Ereignisse nicht vorhersagen. Besser wenn die Beraterin es für sich behält.
Das Problem das sich daraus ergeben kann: Indem das „Schreckliche" ausgesprochen wird fixieren sie es regelrecht. Das heisst die ganze Energie ist diesem kommenden Ereignis zugewandt.
Und die Chance ist gross das sich dann genau dieser Unfall ereignet.
Fokussierte Energie kann vieles auslösen.

Gleich verhält es sich mit Voraussagen betreffend Todesfälle. Es hat sich schon mal ereignet, dass ein vorausgesagter Todesfall tatsächlich eingetroffen ist, nur der Haken daran. Es war nicht das Datum das die Hellseherin ihr genannt hat. Die arme Frau hatte sich so sehr in diese Aussage hineingesteigert. Als der vermeintliche Tag vor der Türe stand, ist sie psychisch durchgedreht und wurde in eine Anstalt eingewiesen. Dass Traurige, nicht zwei Jahre später soll sie der Tod tatsächlich eingeholt haben. Eine traurige Geschichte. Also niemals auf Wahrsager hören, die Todestage durchgeben. N I E M A L S.

Es gibt sicher noch unzählige Erfahrungsgeschichten verstreut unter uns. Doch glaube ich versteckt sich ein gewisses Schamgefühl dahinter, und man möchte andere daran nicht unbedingt teilhaben.

Dieses eine Beispiel soll eine Warnung sein, für die labilen und leichtgläubigen Menschen. Wahrsagerei kann gefährlich werden. Es ist ein „dunkles" Gewerbe, manchmal auch zurecht, als Teufelszeug tituliert.

Man hat Beweise, dass einige der Geisteskrankheiten aller Art in einem Irrenhaus im Zusammenhang mit Wahrsagerei und Zukunftsdeuterei stehen.

Wenn die angebliche Enthüllung der Zukunft solche gravierende Wirkungen mit sich zieht, ist dann nicht die Verhüllung, es nicht wissen zu wollen, Weisheit? Besser einen Schleier davorsetzen und in gutem Glauben und Hoffnung auf das Gute, sein Leben, LEBEN.

Also geht Euren Weg voller Zuversicht und Optimismus, lasst euch nicht irreführen- das ist es nicht wert. Entscheidet selber über Euren Lebensweg. Habt den Mut dazu!

Bedenkt: alles ist mit Energie aufgeladen. Die Energie kann nicht verloren gehen, aber sie kann sich wandeln. So wie es gute Energie gibt, finden wir auch schlechte, dämonische Energie. Wir müssen nur darauf achten dass das Negative nicht an Überhand gewinnt. Also bitte stets darauf schauen, das Gute ist immer selbstlos, doch das Schlechte versucht uns auszunutzen und ins Unglück zu stürzen, weil es keine Liebe kennt.

Und nun zu allerletzt; habt Ihr auch schon mal die Aussage gehört: jeder trägt die Heilkraft Christus in sich. Im Gesundheitswesen ist das stark vertreten. Sehr kranke Menschen, denen man eigentlich keine Heilungschancen mehr zurechnete, sind plötzlich gesund. Warum? Weil sie durch Christus an ihre Selbstheilungskräfte glaubten, und diese aktivieren konnten.

Ich erwähne das deshalb, weil wir auch diese Kräfte im Kopf aktivieren können. Wenn es uns schlecht geht, z.B. nicht nur körperlich sondern auch seelisch.

Und nun ein kleiner Wink für die Suchenden unter uns:

Jesus Christus steht für? LIEBE.
Worte können kein Herz öffnen nur die? LIEBE.
Jesus gab allen Suchenden einen ganz klaren Hinweis:
„ Ich bin der Weg, die Wahrheit und das Leben" (Joh 14,6).

Die Botschaft daraus lautet ganz klar: Folget mir nach und lebt, wie ich es euch vorgelebt habe. Und was tat er?

Ging er zu einem Wahrsager / Propheten wenn er eine Antwort suchte? NEIN.

Ging er zu den Propheten, wenn er mal nicht weiterwusste? NEIN.

Jesus wendete sich an Gott, seinen Vater. Er zeigte ihm den richtigen Weg, er half ihm, er unterstütze ihn.

Doch wie konnte er nur Verbindung mit Gott aufnehmen? Er sah in Gott, seinen Schöpfer, liebte ihn grenzenlos, Gott selber ist DIE Liebe, damit war er eins mit ihm.

Die Macht und Kraft Gottes wirkte durch ihn. Er konnte Wunder vollbringen, doch nicht durch geistige Techniken die er anwandte. Nur durch die Kraft der allgegenwärtigen LIEBE. Seine Wunder waren kostenlos. Göttliche Liebe verlangt nichts.

Sind die Wundertäter in der heutigen Zeit alle selbstlos? Nein sie verlangen meist grosse Summen, für das Wenige das sie bieten. Sie treiben ihr falsches Spiel. Man könnte meinen, der Teufel hat seine Finger im Spiel. Es mag zwar einzelne geben, die nichts verlangen und auch reiner Nächstenliebe handeln. Doch im Verhältnis zu den Betrügern, die nur auf das

Geld argloser Menschen aus sind, ist deren Zahl verschwindend gering; zudem ist es nicht leicht, sie ausfindig zu machen.

Schnell gerät man an die Falschen – und dann ist es schwer loszukommen. Wie viel haben Sie bereits in Beratungen gesteckt? Und waren Sie jemals zufrieden? Auch wenn man es sich nicht eingestehen will.

Diese Zeilen sollten sie zum Nachdenken anregen. Wenn sie zu denjenigen gehören, die Probleme haben und glauben, diese durch Dutzende Anrufe bei Esoterik-Hotlines lösen zu können, dann stellen Sie sich ganz bewusst folgende Fragen: Bin ich mit mir im Reinen? Was verspreche ich mir von sogenannten Hellsehern?
Hilft es mir wirklich?
Oder brauche ich nur einen Menschen, der mir zuhört und mir das Gefühl gibt, verstanden zu werden?
Und wie steht's um meine Zukunft? Möchte ich wirklich wissen, wie sie ist? Oder ist es nicht besser, zum Schutz, meiner Person, alles auf mich zukommen zu lassen?

Ich rate Ihnen: Leben Sie im Hier und Jetzt, unvoreingenommen wie ein Kind, voller positiver Erwartung auf das, was vor einem liegt, dann werden Sie auf einen guten Weg gelangen.
Und vertrauen Sie auf eine GROSSE Energie, nennen wir sie GOTT, ich BIN, der ich BIN !

In diesem Sinne; CARPE DIEM

Herstellung und Verlag:
BoD – Books on Demand, Norderstedt
ISBN 978-3-7357-4227-8